Es nuestro asunto

Graficar

Harry James

Créditos de publicación

Editora
Sara Johnson

Directora editorial
Dona Herweck Rice

Editora en jefe
Sharon Coan, M.S.Ed.

Directora creativa
Lee Aucoin

Editora comercial
Rachelle Cracchiolo, M.S.Ed.

Créditos de imagen

El autor y los editores desean agradecer y reconocer a quienes otorgaron su permiso para la reproducción de materiales protegidos por derechos de autor: portada Shutterstock (todas las imágenes); pág. 1 Shutterstock/Philip Hunton; pág. 4 (abajo) Getty images/L Klove, Photo service; pág. 4 (arriba) Shutterstock; pág. 6 Istock/S Dominick; pág. 9 Shutterstock/R.Gino Santa Maria; pág. 12 Getty images/B Langrish; pág. 16 Phototlibrary/Juniors Bildarchiv; pág. 18 (abajo) Shutterstock/G Victoria; pág. 18 (arriba) Pearson Education Australia/A McBroom; pág. 19 Photolibrary/C McKeone; pág. 20 Getty Images/K Hatsuzawa Neovision; pág. 23 (arriba) Shutterstock/E Isseleé; pág. 23 (abajo) Shutterstock/L Fernanda Gonzalez; pág. 25 Photodisc vol 15; pág. 27 Alamy/Mindset Photography.

Si bien se ha hecho todo lo posible para buscar la fuente y reconocer el material protegido por derechos de autor, los editores ofrecen disculpas por cualquier incumplimiento accidental en los casos en que el derecho de autor haya sido imposible de encontrar. Estarán complacidos de llegar a un acuerdo idóneo con el propietario legítimo en cada caso.

Teacher Created Materials

5301 Oceanus Drive
Huntington Beach, CA 92649-1030
http://www.tcmpub.com
ISBN 978-1-4938-2958-3
© 2016 Teacher Created Materials, Inc.

Contenido

Nuestra pasión son los animales

Mi nombre es Alex y mis amigos son Chen, Ari y Karla. El año pasado comenzamos nuestro propio negocio. Queríamos ganar dinero adicional después de la escuela y durante las vacaciones. Nuestro negocio ayuda a las personas a cuidar sus animales. Hacemos trabajos como pasear perros, alimentar animales, limpiar jaulas y peceras, y asear a los animales. Nuestro negocio se llama "Nuestra pasión son los animales".

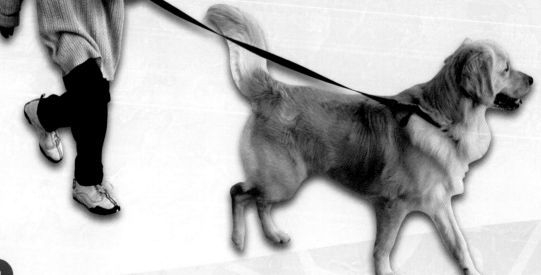

Nuestro negocio comenzó lentamente. No teníamos muchos trabajos durante los primeros meses. Pero pronto las personas a las que habíamos ayudado les contaron a otras lo que hacíamos. Entonces nuestro negocio comenzó a crecer. Muchas personas nos conocieron porque hacíamos un buen trabajo.

EXPLOREMOS LAS MATEMÁTICAS

Un gráfico es un tipo de imagen. Muestra los **datos visualmente**. Un gráfico de barras es una buena manera de **comparar** datos. Este gráfico de barras muestra la cantidad de horas que los niños pasan en 1 semana haciendo diferentes trabajos.

Horas empleadas en trabajos

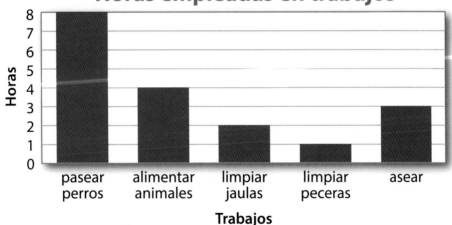

a. ¿Cuántas horas emplean en pasear perros?

b. ¿En cuáles 2 tareas emplean los niños la menor cantidad de tiempo?

c. ¿En qué tarea usan los niños 3 horas por semana?

Conocer nuestro negocio

La mamá de Karla es **contadora**. Ayuda a que las personas manejen sus negocios. Ayuda a que las personas mantengan un registro de sus **ingresos** y **gastos**. Creímos que la mamá de Karla también podía ayudarnos con nuestro negocio. Así que le pedimos que viniera a una reunión de negocios.

La mamá de Karla nos hizo preguntas como las siguientes: ¿En qué trabajos ganan más? ¿Hay otros trabajos que podrían hacer? ¿Necesitan reducir la cantidad de dinero que gastan? No estábamos seguros de las respuestas. La mamá de Karla dijo que podía ayudarnos.

Comenzar desde jóvenes

Muchas personas jóvenes convierten sus pasatiempos en negocios. Podrían hacer joyas o vender limonada. ¿Tienes un pasatiempo que podrías convertir en un negocio?

Decidimos llevar un cuaderno sobre nuestro trabajo. Escribimos todos los trabajos que habíamos hecho desde que comenzamos nuestro negocio. También escribimos cuánto dinero nos pagaron y cuánto gastamos. La mamá de Karla nos dijo que podíamos usar esta información para averiguar más sobre nuestro negocio.

Nuestra pasión son los animales: Cuaderno de trabajo

Febrero: Semana 1

Lun. : bañamos el perro de la Sra. Henderson, $6.00
      Flo (avenida Primera)

Mar. : llevamos de paseo 2 perros del Sr. Jackson, $7.00
      Roger y Dodger (parque de la ciudad)

Miér. : alimentamos el gato de tía Lucía, Pelusa $4.00
      (avenida Segunda)

Jue. : compramos bocadillos para perros - $6.50

Vier. : compramos cepillo de plástico para perros - $2.00

Sáb. : alimentamos el gato de la abuela
      Jiménez durante una semana $28.00
      (calle Cumbre)

Ganar dinero

Usamos los datos para averiguar qué trabajos nos hacían ganar más dinero. La mamá de Karla hizo un gráfico circular en la computadora para mostrarnos esta información. Un gráfico circular es una buena manera de comparar partes que forman un entero. El entero es todos los trabajos que hacemos para ganar dinero. Las partes muestran cada trabajo diferente. La parte más grande nos muestra qué trabajo nos hizo ganar más dinero. La parte más pequeña nos muestra qué trabajo nos hizo ganar menos dinero.

Cómo ganamos dinero

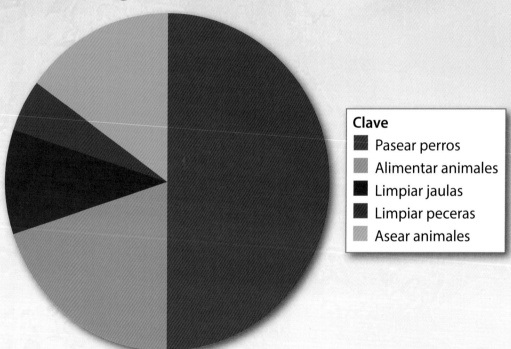

Clave
- Pasear perros
- Alimentar animales
- Limpiar jaulas
- Limpiar peceras
- Asear animales

La mayor parte de nuestro dinero provino de pasear perros. Esto no nos sorprendió. Nos hicimos camisetas con el nombre de nuestro negocio en ellas. Las personas nos veían pasear perros con nuestras camisetas. Nos preguntaban si también podíamos pasear a sus perros. ¡Éramos **anuncios publicitarios** andantes para nuestro negocio!

EXPLOREMOS LAS MATEMÁTICAS

Usa el gráfico circular de la página 8 para responder estas preguntas.

a. ¿Cuál trabajo produce más dinero? ¿Cuál menos?

b. ¿Qué trabajo produce la mitad del dinero?

c. ¿Cuáles dos trabajos producen casi la misma cantidad de dinero?

Usamos otros datos que nos mostraron *cuándo* ganamos la mayor cantidad de dinero. Ganamos más dinero durante nuestras vacaciones de verano. Es cuando tenemos más tiempo para trabajar. Y las personas necesitan que alguien les cuide sus animales cuando están lejos durante las vacaciones.

Hicimos este gráfico de líneas para mostrar la cantidad de dinero que ganamos durante nuestros primeros 6 meses de negocio. El negocio era lento cuando comenzamos. Estuvimos más ocupados después de cerca de 2 meses.

Ganancias de los primeros 6 meses

Gastar dinero

Mantuvimos un **registro** de cuánto habíamos gastado en el negocio. Entonces la mamá de Karla hizo este gráfico circular para mostrar nuestros gastos. Gastamos la mayor parte de nuestro dinero para hacer afiches y camisetas. Además, ¡compramos muchos bocadillos para perros!

Gastos del negocio

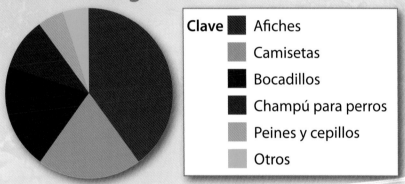

Clave
- Afiches
- Camisetas
- Bocadillos
- Champú para perros
- Peines y cepillos
- Otros

EXPLOREMOS LAS MATEMÁTICAS

Los gráficos de líneas son una buena manera de mostrar datos recogidos **continuamente** en el transcurso del tiempo. Usa el gráfico de líneas de la página 10 para responder estas preguntas.

a. ¿En qué meses ganaron menos dinero los niños?

b. ¿Cuánto dinero más ganaron los niños en julio que en mayo?

c. Según los datos, ¿crees que los niños ganarán más o menos en agosto que en julio? ¿Por qué?

La encuesta

Los datos nos hicieron pensar en cómo podría crecer nuestro negocio. Puede haber otros trabajos que podríamos hacer para ganar dinero adicional. Puede haber más animales que podríamos cuidar.

Dije que podríamos ayudar a las personas a entrenar a sus cachorros. No habíamos ofrecido eso antes. Ari dijo que podríamos limpiar más peceras. Karla dijo que podríamos conseguir algo de trabajo en los establos locales. A ella realmente le gustan los caballos, ¡así que esa sugerencia no fue una sorpresa!

Chen dijo que podíamos preguntar a las personas cómo podríamos ayudar a cuidar sus animales. Pensamos que esta era una buena idea. Escribimos una lista de preguntas para una **encuesta**. Las respuestas podrían ayudarnos a hacer crecer nuestro negocio.

PREGUNTAS DE LA ENCUESTA

1. ¿Tiene un animal?   sí/no

2. Si tiene uno, encierre en un círculo los animales que tiene:

   perro   gato   pájaro   pez   hámster   conejo

   otro _____ (Indique qué tipo de animal).

3. ¿Cuántos animales tiene? _____

4. Si tiene un perro, ¿cuáles de estos servicios usaría?
   (Encierre en un círculo su respuesta).

   paseo del perro   aseo del perro   entrenamiento de cachorros

Realizar una encuesta

Hicimos 150 copias de la encuesta. El papá de Ari nos llevó al centro comercial. El centro comercial era un buen lugar para realizar una encuesta. Siempre hay muchas personas de compras y está cerca de donde vivimos. También entregamos **volantes** sobre nuestro negocio. Muchas personas tomaron nuestros volantes. Llevamos la cuenta de la cantidad de personas que encuestamos, la cantidad de personas que tienen animales y la cantidad de personas que tomaron nuestros volantes.

NUESTRA PASIÓN SON LOS ANIMALES

¡Ayudamos a cuidar a sus mascotas!

Nosotros → paseamos perros
→ alimentamos animales
→ limpiamos jaulas
→ limpiamos peceras
→ aseamos animales
→ ¡y mucho más!

La mayoría de las personas estaban felices de completar la encuesta. Hicimos preguntas sobre los tipos de animales que tenían y cuántos. También preguntamos qué **servicios** podrían usar. Esto incluyó trabajos que hacíamos y trabajos nuevos que podríamos hacer.

Datos reunidos en el centro comercial

	Jueves	Viernes	Sábado	Total
Cantidad de personas encuestadas	37	44	58	139
Cantidad de personas que tienen animales	25	37	39	101
Cantidad de personas que tomaron volantes	17	22	35	74

EXPLOREMOS LAS MATEMÁTICAS

a. Usa la información de la tabla de datos anterior para elaborar un gráfico de barras para la cantidad de personas encuestadas, que tienen animales o que tomaron volantes. *Pista*: No olvides rotular el eje *x* y el eje *y*, y ponerle un título al gráfico.

b. Escribe 2 preguntas que podrías hacer sobre los datos encontrados en tu gráfico.

Resultados de la encuesta

Hubo 101 personas que respondieron que tenían animales. Chen escribió los datos en la computadora. La mayoría de las personas tenían gatos, perros, pájaros o peces. Algunas personas tenían ratones, ratas y conejos. Y otras tenían arañas y serpientes. Estas eran parte de la **categoría** "Otros" en la encuesta. Hicimos gráficos de barras para mostrar nuestros datos.

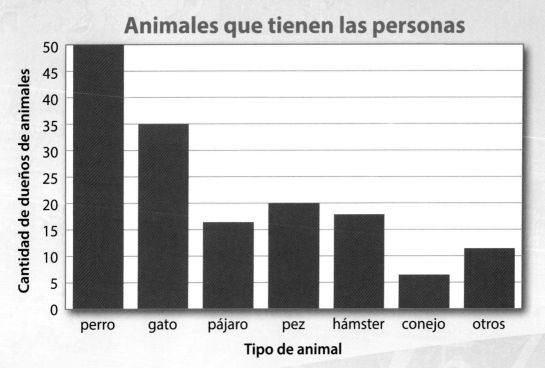

Animales que tienen las personas

Cantidad de dueños de animales

perro · gato · pájaro · pez · hámster · conejo · otros

Tipo de animal

Los datos mostraron qué animales eran los más populares. También mostraron cuántos animales de cada tipo tenían las personas. Había muchos animales que podríamos ayudar a cuidar.

Personas que tienen perros

Personas que tienen gatos

EXPLOREMOS LAS MATEMÁTICAS

Usa los gráficos anteriores para responder estas preguntas.

a. ¿Cuántas personas tienen 1 perro?

b. ¿Cuántas personas tienen 2 gatos?

c. ¿Cuántas personas más tienen 2 perros que 2 gatos?

d. ¿Son más las personas que tienen perros o gatos?

La encuesta mostró que nuestro servicio más popular era pasear perros. El aseo también era popular. Queremos hacer estos trabajos más a menudo.

Necesitamos una manera más económica de comprar champú y cepillos. Decidimos comprar botellas de champú más grandes y mejores cepillos. Las botellas de champú más grandes son más económicas por lavado que las pequeñas. Además, duran más tiempo. Los mejores cepillos cuestan más, pero duran más tiempo que los baratos. Eso significa que compraremos menos cepillos en el transcurso del tiempo.

designed to moisturise and leave your dogs hair looking healthy.

Dog Wash

KEEPING YOUR DOG LOOKING & FEELING FRESHER

DIRECTIONS: Wet dog thoroughly. Apply Dog Wash to dog's coat and massage thoroughly before rinsing. Towel dry & brush.

La encuesta mostró que nuestro servicio menos popular era la limpieza de peceras. Sin embargo, muchas personas tienen peces. Así que necesitamos que más personas sepan que ofrecemos este servicio.

Por último, la encuesta nos ayudó a descubrir qué nuevos servicios podríamos ofrecer. El entrenamiento de cachorros fue muy popular. Por ello, decidimos ofrecer ese servicio también.

EXPLOREMOS LAS MATEMÁTICAS

Elabora una encuesta sobre los diferentes tipos de mascotas que tienen tus compañeros de clase. Luego haz un gráfico de barras con los datos. *Pista*: Algunas de las preguntas de la encuesta de la página 13 pueden servir como ayuda.

Dónde se ubican nuestros trabajos

Chen habló sobre cómo nuestros trabajos parecían estar más lejos de nuestro hogar. El sábado, ella había llevado a pasear a 4 perros grandes al Parque Central. Chen sentía que gastaba más tiempo en viajar a recoger los perros que en pasearlos. Necesitábamos saber si estábamos empleando demasiado tiempo en el viaje hacia nuestros trabajos.

EXPLOREMOS LAS MATEMÁTICAS

La siguiente tabla muestra las horas que gastaron los niños en viajar hacia su negocio durante 1 semana.

Niños	Horas empleadas en viajar
Alex	4
Ari	3
Karla	5
Chen	4

a. Grafica los datos con el gráfico que prefieras.

b. Explica por qué elegiste ese tipo de gráfico.

Siempre escribimos la dirección para cada trabajo. Así que decidimos comparar dónde estaban nuestros trabajos en los primeros 3 meses y los 3 meses más recientes de nuestro negocio. Usamos un mapa y alfileres de colores como ayuda.

Primero, Chen leyó las **ubicaciones** para todos los trabajos de los primeros 3 meses. Ari puso alfileres rojos en el mapa en esos lugares.

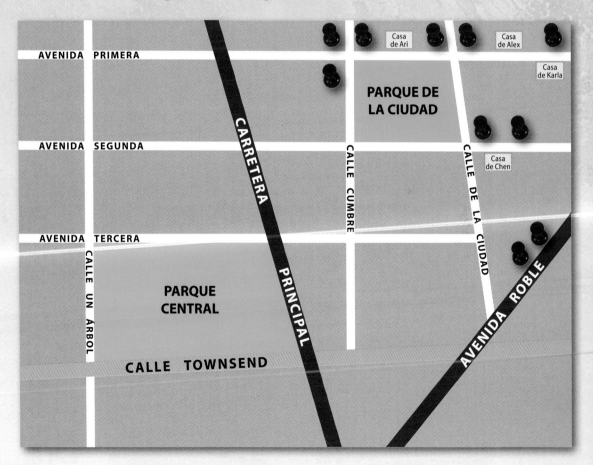

Luego Chen leyó todas las ubicaciones para los trabajos de los 3 meses más recientes. Ari puso alfileres azules en el mapa para mostrar esos lugares. Había más alfileres azules que rojos en el mapa. Los alfileres azules también estaban más lejos de donde nosotros vivimos. Fue fácil ver que estábamos haciendo más trabajos en los últimos 3 meses, y estos trabajos a menudo estaban más lejos.

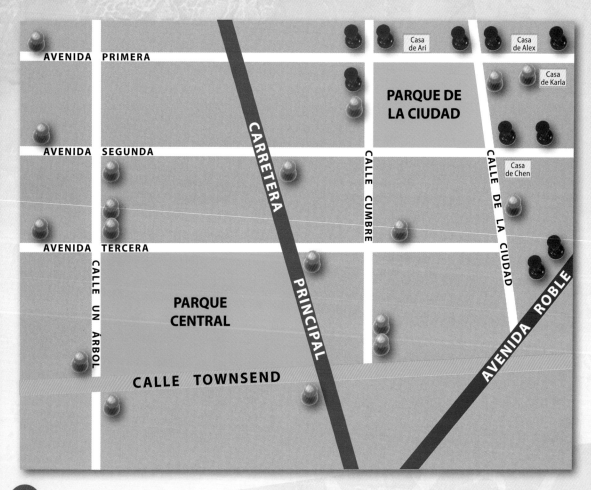

Le mostramos el mapa a la mamá de Karla. Le contamos sobre los trabajos que no habíamos podido hacer. Estábamos demasiado ocupados viajando o haciendo otros trabajos. La mamá de Karla sugirió que buscáramos más niños para que trabajaran en el negocio. Nunca se nos había ocurrido eso.

A veces, teníamos que decir "No" cuando las personas nos pedían que paseáramos perros. No teníamos tiempo.

Limpiar las jaulas de pájaros era un servicio popular, pero no siempre teníamos tiempo de hacerlo.

¿Más niños?

La Sra. Lee, una de nuestras mejores clientes, nos pidió que bañáramos su perro el día siguiente. Pero todos teníamos otros trabajos esa tarde.

Esa noche, la mamá de Karla nos hizo un gráfico de dos barras. Mostraba los trabajos que habíamos hecho en la última semana. También mostraba los trabajos que no hicimos porque no teníamos tiempo.

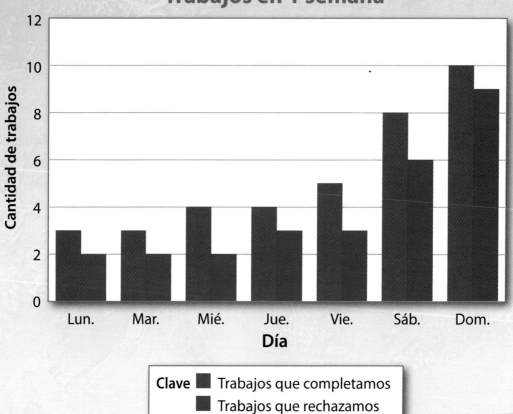

Trabajos en 1 semana

Le pedimos a la hermana de Ari, Talia, que nos ayudara a bañar el perro de la Sra. Lee la tarde siguiente. Talia disfrutó el trabajo. Le preguntamos si quería trabajar en nuestro negocio. Talia dijo que sí. La próxima vez que hubiera un trabajo y estuviéramos todos ocupados, le pediríamos a Talia que nos ayudara. Nuestro negocio estaba creciendo realmente.

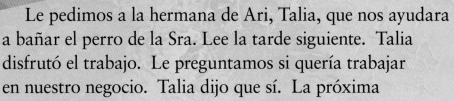

EXPLOREMOS LAS MATEMÁTICAS

El gráfico de dos barras de la página 24 compara 2 grupos de datos en el mismo gráfico. Es fácil ver qué es igual y qué es diferente. Usa el gráfico para responder estas preguntas:

a. ¿Cuántos trabajos se rechazaron el sábado?

b. ¿Cuántos trabajos se ofrecieron en total el miércoles?

c. Escribe al menos una observación sobre los datos del gráfico.

d. Escribe una pregunta que pueda contestarse usando la información del gráfico.

Negocio en crecimiento

Meses más tarde hicimos otro gráfico circular para comparar el dinero ganado en los diferentes trabajos. Esta vez el gráfico circular incluyó algunos servicios nuevos. Todavía ganamos la mayor cantidad de dinero paseando perros. Y nuestro servicio de limpieza de peceras ahora forma una fracción más grande del círculo completo.

Cuando observamos todos los datos, ¡**concluimos** que la encuesta y los volantes nuevos valieron la pena!

Cómo ganamos dinero

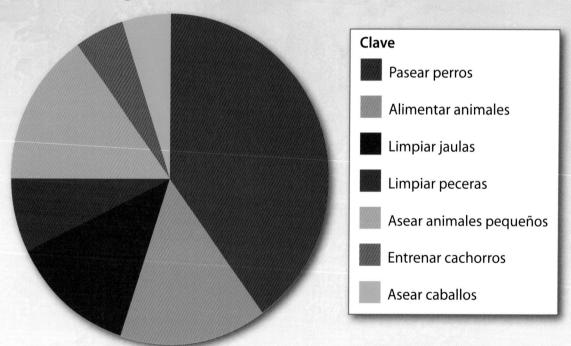

Clave

- Pasear perros
- Alimentar animales
- Limpiar jaulas
- Limpiar peceras
- Asear animales pequeños
- Entrenar cachorros
- Asear caballos

Nuestro negocio ahora ofrece 2 servicios más que cuando comenzamos. ¿Cómo se verá este gráfico circular el próximo verano?

Si nuestro negocio sigue creciendo, tendremos que contratar a 2 niños más hacia fines del año escolar. Pueden ayudarnos durante las vacaciones de verano. El próximo verano, ¡"Nuestra pasión son los animales" estará cuidando a casi todos los animales de la ciudad!

NUESTRA PASIÓN SON LOS ANIMALES

¡SE NECESITA AYUDA!

Se necesitan dos niños para unirse a un exitoso negocio.

¿Está de moda el surf?

Emilio es dueño de una pequeña tienda de artículos de surf. Le gustaría expandir su negocio. La tienda de al lado está disponible para alquilar. Emilio necesita conocer si su negocio está creciendo para ver si puede costear una expansión.

Los gastos totales del negocio son $1,200 por mes para el 2008. Emilio elabora un gráfico circular para ver el porcentaje de diferentes gastos.

Desglose de gastos

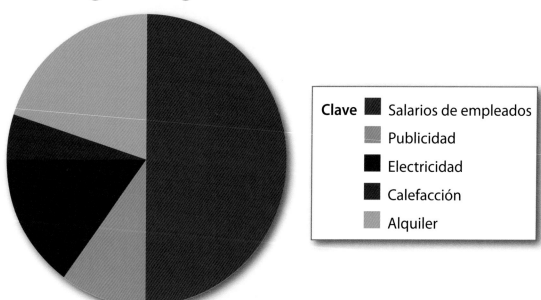

Clave
- Salarios de empleados
- Publicidad
- Electricidad
- Calefacción
- Alquiler

Emilio también hace una tabla para ver sus ventas por mes del año pasado.

Ventas en el 2008

Ene.	Feb.	Mar.	Abr.	May.	Jun.
$900	$900	$1,100	$1,400	$1,500	$1,800
Jul.	Ago.	Sep.	Oct.	Nov.	Dic.
$2,000	$2,100	$1,700	$1,500	$1,300	$1,300

¡Resuélvelo!

Usa el gráfico circular de la página 28 para calcular:

a. ¿Cuál es el mayor gasto que tiene Emilio cada mes?

b. ¿Cuál es el menor gasto que tiene Emilio cada mes?

Ahora usa la tabla anterior para responder estas preguntas.

c. Haz un gráfico de barras para mostrar las ventas para el 2008.

d. ¿Crees que Emilio debe expandir su negocio? Haz una lista de tus razones.

Usa los siguientes pasos como ayuda para hacer tu gráfico. Recuerda rotular los ejes y poner un título a tu gráfico.

Paso 1: Primero, decide qué datos de la tabla usar para el eje x y para el eje y.

Paso 2: Ahora elabora tu gráfico de barras usando las cantidades de la tabla. Rotula el gráfico y ponle un título.

Glosario

anuncios publicitarios: avisos que cuentan a otras personas sobre un servicio o producto

categoría: un grupo que contiene elementos de un tipo similar

comparar: observar las características de dos o más cosas para ver en qué se parecen o diferencian

concluimos: decidimos

contadora: una persona que registra y supervisa el dinero pagado y recibido por un negocio o individuo

continuamente: sin parar; ininterrumpidamente

datos: información

encuesta: una lista de preguntas que se usan para encontrar información

gastos: cosas en las que las personas gastan dinero

ingresos: cantidades de dinero ganado

registro: una nota escrita

servicios: trabajos realizados para alguien

ubicaciones: lugares

visualmente: como una fotografía, imagen o presentación

volantes: folletos de publicidad

Índice

Exploremos las matemáticas

Página 5:

a. 8 horas

b. Limpiar peceras y limpiar jaulas

c. Asear

Página 9:

a. Pasear perros produce la mayor cantidad de dinero. Limpiar las peceras produce la menor cantidad de dinero.

b. Pasear perros

c. Asear animales y alimentar animales

Página 11:

a. febrero y marzo

b. $80.00 más

c. Las respuestas variarán pero podrían incluir el hecho de que los niños probablemente ganen más dinero en agosto, dado que los datos muestran que ganaron más en los meses de verano. También es en agosto cuando los niños están en vacaciones de la escuela y tienen más tiempo para trabajar.

Página 15:

a. Las respuestas variarán.

b. Las respuestas variarán.

Página 17:

a. 15 personas

b. 10 personas

c. 10 personas más

d. Más personas tienen perros que gatos.

Página 19:

Las respuestas variarán.

Página 20:

Las respuestas variarán.

Página 25:

a. 6 trabajos

b. 6 trabajos

c. Las respuestas variarán pero podrían incluir el hecho de que los datos muestran que los niños completan la mayor cantidad de trabajos el fin de semana.

d. Las respuestas variarán.

Actividad de resolución de problemas

a. Salarios de empleados

b. Calefacción

c.

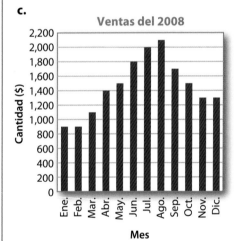

d. Las respuestas pueden variar, pero dado que el gráfico de barras muestra que Emilio realiza más ventas y cumple con los gastos, podría permitirse expandir el negocio.